Wir machen einen Ausflug.

Das ist Mama.

Das bin ich.

Da sind Papa und meine Schwester.

Papa passt auf.

Meine Schwester mag Enten.

Mama mag Boote.

Das sind Oma und Opa.

Opa macht Fotos.

Das ist meine Patentante.

Sie ist immer dabei.

Das ist mein Onkel.

Er lacht viel.

Das ist mein Cousin.

Er ist älter als ich.

Wir fahren los.